Karen Meier-Ebert Susanne Mansfeld

Weihnachten zuhause

Die schönsten Dekoideen für die festliche Zeit

BLOOM's by Ulmer

Weihnachten ist *mehr als ein Tag!* Mehr als nur der Heilige Abend, an dem der Baum im Lichterglanz erstrahlt. Schon die Wochen davor sind eine ganz besondere, erwartungsvolle Zeit. Mit dem Anzünden der ersten Kerze auf dem Adventskranz und dem Öffnen des ersten Kalendertürchens beginnt der weihnachtliche Zauber. Es duftet herrlich nach frisch Gebackenem, die Kinder basteln heimlich Geschenke, die Wohnung wird geschmückt und erscheint langsam immer festlicher. Jetzt ist die Zeit, um liebevoll Päckchen zu packen, um Wunschzettel und Briefe zu schreiben oder bei heißem Kakao und Punsch Geschichten zu lesen. Gönnen Sie sich und Ihrer Familie diese Zeit!

Alles, was Sie dazu brauchen – nette Deko- und Geschenkideen, Wissenswertes über Weihnachtsbräuche, die schönsten Gedichte und Liedtexte, neue Lieblingsrezepte und vieles mehr – finden Sie in diesem Buch. Lassen Sie sich inspirieren und genießen Sie die Weihnachtszeit!

Willkommen im Märchenwald! Auf dem grünen Hügel aus Steckschaum und Moos wachsen große und kleine Fliegenpilze um eine klassische rote Kerze. Bandreste in Rot und Weiß sind das i-Tüpfelchen für diesen unkonventionellen Kerzenständer, der die Adventszeit in stimmungsvolles Licht hüllt.

Mokkaknöpfe (ca. 30 Stück)

Zutaten: 125 g Mehl, 30 g Speisestärke, 1 EL Kakao, 1 EL lösliches Espressopulver, 1 Prise Salz, 125 g zimmerwarme Butter, 50 g Puderzucker, ca. 30 Mokkabohnen aus Schokolade, 150 g weiße Kuvertüre

Zubereitung: Den Backofen auf 180 °C (Umluft 160 °C) vorheizen. Mehl, Speisestärke, Kakao, Espressopulver und Salz mischen. Die Butter und den Puderzucker cremig schlagen. Die Mehlmischung vorsichtig mit einem Schneebesen unterrühren. Alles zu einem glatten Teig verkneten. Den Teig in Folie gewickelt ca. 2 Stunden im Kühlschrank kaltstellen.

Aus dem Teig kleine Kugeln formen, dabei jeweils eine Mokkabohne in die Mitte drücken und den Teig drumherum schließen. Die Kugeln auf ein mit Backpapier ausgelegtes Blech setzen und 10–12 Minuten backen. Danach herausnehmen und auskühlen lassen.

Die Kuvertüre grob hacken und in einer Schale im heißen Wasserbad schmelzen. Kuvertüre in einen Spritzbeutel füllen und die Mokkaknöpfe damit verzieren.

Bevor die Nüsse zum Adventskalender werden, sind sie ein leckerer Snack. Doch Vorsicht beim Knacken: Achten Sie darauf, dass beide Schalenhälften unzerbrochen bleiben. Die geweißten Nüsse werden anschließend gut verschnürt und mit Siegellack vor allzu Neugierigen geschützt.

Rechts: Jeden Tag ein Lichtlein mehr! Einfache Gläser, Granulat, Teelichter und Sterne aus dünnem Metall, in die die Zahlen geprägt werden – mehr braucht man nicht, um lieben Menschen den Advent zu erhellen.

Unten: Wer knackt die Nuss? Ein Gutschein oder ein weihnachtliches Gedicht sorgen an jedem Morgen im Advent für Vorfreude und sind, unter einer Glasglocke arrangiert, ein schöner Anblick. Was sich wohl in der versilberten Nuss für den 24sten verbirgt?

Eine liebevolle *Überraschung* für jeden Tag im Advent

Sternstunden garantiert. Der weiche Dekostern aus Filz wird kurzerhand zum sicheren Kerzenständer, wenn man ihn auf einer Seite aufschneidet und einen metallenen Kerzenteller darin versenkt. Ein bunt geschmücktes Buchsbaumkränzchen kaschiert die Schnittstelle und ist eine schöne Umrahmung.

Topfpflanze und Adventskalender in einem. Das Prachtexemplar von Weihnachtsstern steckt in einem weißen Korb, an dessen Rand 24 kleine Päckchen gebunden wurden. Beschränken Sie sich bei Geschenkpapier und Band auf wenige Farben, die mit den Blüten der Pflanze harmonieren. Dann gelingt's perfekt!

Leuchtende Farbtupfer bei eisigem Frost

Worin sonst Dips und Soßen angeboten werden, stecken jetzt zart rosafarbende Stumpenkerzen und verbreiten warmen Lichterschein. Steckschaum gibt ihnen Halt. Moos, Buchsbaum- und Koniferengrün sowie rotwangige Äpfel sind ihre Begleiter. Mit Bändern zusammengehalten und auf einem kleinen Tablett arrangiert, lässt sich die Weihnachtsstimmung überall hintragen. Praktisch!

Mit dem *Adventskranz* beginnt sie endlich, die spannende Zeit bis zum Heiligen Abend. Erfunden wurde der Lichterkranz 1839 vom evangelischen Pfarrer Johann Hinrich Wichern in Hamburg. Um armen und schwer erziehbaren Kindern ein Heim zu geben, gründete er das Rauhe Haus. Gemeinsam wurde dort an jedem Adventsabend eine Andacht gefeiert. 1839 hing zum ersten Mal ein Wagenrad mit vier großen roten Kerzen für die Adventssonntage und weißen Kerzen für jeden Werktag bis zum 24. Dezember im Gemeinschaftsraum. Nacheinander wurde Abend für Abend eine Kerze entzündet, so gab es täglich mehr Licht in den dunklen Winternächten. Duftende Tanne wurde 1860 zum ersten Mal um das Wagenrad gewickelt. Die immergrünen Zweige symbolisieren ewiges Leben. Mit vier Kerzen für die Adventssonntage heißt es auch heute noch: Advent, Advent ein Lichtlein brennt …

Kunterbunt angebändelt. Der ungewöhnliche Adventskranz entsteht durch viele verschiedene Bänder, die auf die Unterseite eines Strohkranzes geklebt werden. Die Oberseite ist mit Koniferengrün, Zapfen und allerlei Kugeln besteckt. Klassisch bleibt's bei den Kerzen: vier Stück in Rot.

Herz ist Trumpf! In Form eines Lebkuchens wird es an diesem romantischen Kranz zum Eyecatcher und verbreitet seinen herrlichen Duft. Koniferengrün bildet die schlichte Basis, die rundum mit Bändern und Spitze umwickelt wurde. So kommen Reste aus dem Nähkästchen zum Ende des Jahres noch ganz groß raus!

Solch ein Kranz bringt Stimmung in Christkindels Backstube. Fliegenpilze aus Filz, nostalgischem Glas und Pappmaschee scheinen fröhlich aus dem Waldboden zu wachsen. Dafür wurde ein Strohkranz mit Moos, Efeu und Zapfen besteckt.

Süße Sterne (ca. 90 Stück)

Zutaten: 150 g Mehl, 50 g gemahlene geschälte Mandeln, 50 g Zucker, 1 Ei, ½ TL Zimt, 1 Prise Salz, 100 g gekühlte Butter, 200 g Marzipanrohmasse, 10 g Kakao, 2 TL lösliches Espressopulver, 1 Eigelb, 1 EL Milch, 100 g halbbittere Kuvertüre, 40 g Nonpareilles (kleine bunte Zuckerperlen)

Zubereitung: Für den Mürbeteig das Mehl und die Mandeln mit Zucker, Ei, Zimt, Salz und Butterflöckchen zu einem glatten Teig verkneten. Den Teig zu einer Kugel formen und in Klarsichtfolie eine Stunde in den Kühlschrank legen.

Die Marzipanrohmasse mit Kakao und Espressopulver verkneten, in drei Teile schneiden und zu länglichen Stangen formen. Jede Stange in 30 Stücke teilen und zu Kugeln drehen.

Den Mürbeteig auf der bemehlten Arbeitsfläche ca. 2 Millimeter dick ausrollen und mit einem kleinen Sternausstecher ca. 90 Sterne ausstechen. Backbleche mit Backpapier belegen und die Sterne daraufsetzen. Eigelb und Milch verrühren und die Sterne damit bestreichen. Jeweils eine Marzipankugel in die Mitte jedes Sterns setzen und leicht andrücken. Die Plätzchen im auf 200 °C (Umluft 180 °C) vorgeheizten Backofen ca. 8–10 Minuten goldbraun backen. Die Sterne auskühlen lassen.

Die Kuvertüre im Wasserbad schmelzen. Zum Schluss die Marzipankugeln auf den Sternen in die Kuvertüre tauchen und kurz in die bunten Zuckerperlen drücken. Den Überzug fest werden lassen.

Ein Hauch von Frühling im Winter: *Barbarazweige* machen das Wunder möglich! Am 4. Dezember werden Zweige von Obstbäumen oder Forsythie geschnitten. In einer Vase im warmen Wohnzimmer „vergessen" sie schnell, dass sie eigentlich Winterschlaf machen und blühen zum 24. Dezember auf. Mit diesem Brauch wird die heilige Barbara geehrt, die der Legende nach angesichts ihrer Hinrichtung einen verdorrten Kirschzweig mit ihren Tränen zum Erblühen brachte. „Du schienst tot, bist aber aufgeblüht zu schönem Leben. So wird es auch mit meinem Tod sein. Ich werde zu neuem ewigem Leben aufblühen", soll sie gesagt haben. Schließlich galten die Zweige auch als Orakel für das neue Jahr: Junge Mädchen sollten ablesen können, ob und wen sie in den nächsten Monaten heiraten würden. Ungeachtet aller Legenden, was macht schon mehr Hoffnung als Frühlingsblüten mitten in Eis und Schnee?

Der Winter hüllt Häuser und Bäume
in ein *weißes Kleid* und
verzaubert die Landschaft

Ein schlanker Kerzenständer plustert sich zur runden Kugel auf. Dabei helfen biegsame Zweige, Beeren und Zapfen, die ineinander gesteckt und miteinander verklebt werden.

Der Eislauf

Der See ist zugefroren
und hält schon seinen Mann.
Die Bahn ist wie ein Spiegel
und glänzt uns freundlich an.

Das Wetter ist so heiter,
die Sonne scheint so hell.
Wer will mit mir ins Freie?
Wer ist mein Mitgesell?

Da ist nicht viel zu fragen:
Wer mit will, macht sich auf.
Wir geh'n hinaus ins Freie,
hinaus zum Schlittschuhlauf.

Was kümmert uns die Kälte?
Was kümmert uns der Schnee?
Wir wollen Schlittschuh laufen
wohl auf dem blanken See.

Da sind wir ausgezogen
zur Eisbahn also bald,
und haben uns am Ufer
die Schlittschuh angeschnallt.

Das war ein lustig Leben
im hellen Sonnenglanz!
Wir drehten uns und schwebten,
als wär's ein Reigentanz.

A. H. Hoffmann von Fallersleben (1798–1874)

Herzlich willkommen! Schon vor der Haustür begrüßen winterliche Arrangements die Besucher. Ein Kranz aus Olivenzweigen und glitzerndem Engelshaar schmückt die Tür, eine Laterne mit Moos weist den Weg in der Dämmerung.

Sammelstücke vom Spaziergang kommen zu neuen Ehren. Unterschiedliche Zapfen, ein Prachtstück von Pinie und lange schmale von der Fichte, werden einfach mit Kiefern- und Beerenzweigen in Keramiktöpfe gesteckt. Dazwischen finden hohe Stabkerzen und eine leuchtend rote Amaryllis Halt.

Tasten verboten! Erst beim Aufknoten darf man sehen, was sich im Adventskalender versteckt. Roter und weißer Stoff für die Säckchen wirkt besonders fröhlich. Auch die Zahlen sind auf Stoff gestempelt.

Rechts: Lassen Sie einen Stern leuchten! Der rosafarbene Weihnachtsstern ist ungewöhnlich schön und passt, im hölzernen Übertopf, wunderbar zum kindlichen Advents-stil. Stellen Sie der blühenden Poinsettie doch noch einen roten Filzstern zur Seite!

Unten: Nichts ist so aufregend wie die Adventszeit! Jeden Morgen gibt es Neues zu entdecken, das die Wohnung festlicher macht: Ein altes Holzpferd, eine Tannengirlande oder besondere Weihnachtsbaumanhänger an den Kerzenleuchtern.

So steigt die *Vorfreude* immer mehr

Was für ein Prachtstück! Dem üppig blühenden Weihnachtsstern geben Scheinzypresse, rosafarbener Zierpfeffer, Leckereien, Weihnachtsaccessoires und duftige Bänder den richtigen Rahmen. Der Trick ist ein Kranz, auf dem alles befestigt wird, bevor die Pflanze in den Topf kommt.

Aromatische Winterdüfte ziehen durch den Raum, wenn Sie einen Kerzenständer ganz mit Eukalyptus verhüllen. Als Basis dient eine Steckschaumkugel, in der oben ein Kerzenteller befestigt ist. Farbig wird's mit Zierdraht und Beerenzweigen, die den fröhlichen Ton des Dekosterns aufgreifen.

Genießen Sie das erste Stück Stollen am liebevoll gedeckten Tisch. Bei der Dekoration dienen Kegel aus Trockenblumensteckschaum als Basis für halbierte Zapfen, Weidenzweige, Eukalyptusfrüchte, rote Beeren, Zieräpfel und einen Dekostern. Die Kerzen sitzen in einem aufgesteckten Halter und harmonieren mit der karierten Tischdecke.

Ein weißer Hauch für die *Tannen* im Wald

Holen Sie sich ein Stückchen Winterwald ins Haus. Dazu werden Zapfen eng mit Draht um einen Holzstab gewickelt und kurze Kiefern- und Ligusterzweige eingesteckt. Auf einem massiven Aststück wird alles gut fixiert.

Zapfen bringen eine Prise Natur in die Adventsdekoration. Wer beim Spazierengehen die Blütenstände der Nadelbäume aufsammelt, holt sich gleich ein traditionelles Symbol von Lebenskraft und Fruchtbarkeit ins Haus.

Advent ganz natürlich. Bündeln Sie Zweigstücke, Zapfen sowie Kiefernzweige und umwickeln sie alles mit dünner Kordel. Die Kerzen stehen sicher in speziellen Haltern.

Sanft leuchtet der *Herrnhuter Stern* seit Ende des 19. Jahrhunderts während der Weihnachtszeit in Kirchen, auf öffentlichen Plätzen oder in Wohnzimmern. Erfunden wurde der traditionell 25-zackige Stern von den Mitgliedern der Herrnhuter Brüdergemeinde in Sachsen, einer evangelischen Freikirche. Um 1880 bastelten die Schüler eines Internats der Glaubensgemeinschaft Sterne, um räumliches Denken und geometrische Fähigkeiten zu stärken. Als Missionare verbreiteten Sie den beleuchteten Stern aus Herrnhut später in der ganzen Welt. Schließlich machte ein Papierfabrikant aus der komplizierten Bastelei einen vorgefertigten, serienmäßig herstellbaren Artikel. So wie wir ihn heute kennen, wird er seit 1924 in Handarbeit hergestellt. Sein Licht symbolisiert den Stern von Bethlehem und erinnert an eines der beliebtesten Weihnachtslieder in den Brüdergemeinden: „Morgenstern auf finstre Nacht“.

Links: Selbst gemachter Adventsschmuck für den Gartentisch. Die Christrose im Topf trägt einen Mantel aus getrockneten Bananenblättern und wird kontrastiert von roten Beeren. Ein schöner Blickfang für die festliche Zeit.

Unten: Lichtblicke auf Balkon und Terrasse verbreiten auch an trüben Tagen erwartungsvolle Stimmung. Platzieren Sie Laternen mit brennenden Kerzen und arrangieren Sie locker ein paar rot glänzende Äpfel dazu.

Kleine *Winterfreuden* rund ums Haus

Winterspaß für die ganze Familie: Gemeinsam um einen Feuerkorb stehen und die kalten Finger an einem Becher Grog oder Teepunsch aufwärmen.

Schwedischer Glögg (ca. 5 Gläser)

Zutaten: 1 l Rotwein, 8 cl Rum, 100 g Zucker, 1 Zimtstange, 20 g frischer Ingwer, 6 Kardamomkapseln, 4 Nelken, 100 g Rosinen, 50 g Mandeln, Schalen von einer ungespritzten Orange, Zucker für den Glasrand

Zubereitung: Zuerst den Rotwein mit Rum, Zucker und der Zimtstange in einen Kochtopf geben. Kardamomkapseln in einem Mörser zerstoßen, dazugeben. Die Nelken, Mandeln und Rosinen untermischen und das Getränk erhitzen. Dabei immer wieder umrühren. Vorsicht, nicht kochen lassen! Den Topf vom Herd nehmen, wenn sich der Zucker aufgelöst hat.

Den Glögg über Nacht durchziehen lassen und dann die Gewürze absieben. Wer mag, kann die Rosinen und Mandeln in dem Getränk lassen.

Vor dem Servieren das Getränk nochmals erhitzen, aber nicht zum Kochen bringen. Die Orangenschale dazugeben. Die Glasränder mit Wasser befeuchten und in Zucker tauchen. Den Glögg einfüllen.

Eins, zwei, drei ... vom Suppenteller zur Kerzenschale! Einfach Halter für Christbaumkerzen anklipsen und die Mitte füllen, zum Beispiel mit rotwangigen Äpfeln und Zapfen. So wird ein Adventskranz ganz schnell improvisiert.

Liebevolle Idee im Retro-Look: Große Stücke Kandiszucker, die an winterliches Eis erinnern, sind in Großmutters Emailletopf gefüllt und sorgen für Festigkeit – süßer Halt für hohe, schlanke Kerzen.

Lieber guter *Nikolaus,* komm doch auch in unser Haus ….

Schon im 15. Jahrhundert kommt der heilige Mann heimlich in der Nacht zum 6. Dezember, um den Kindern kleine Geschenke zu bringen. Seine Figur geht zurück auf den Bischof Nikolaus von Myra in Kleinasien, der etwa von 280 bis 350 nach Christus lebte. Er gilt als Schutzpatron der Kinder, weil er unter anderem drei armen Mädchen Geld geschenkt haben soll, um sie vor Armut zu retten. Seit dem 17. Jahrhundert wird der Nikolaus, der Legende nach, oft von Knecht Ruprecht oder Krampus begleitet. Die Kinder bekommen ihre Geschenke als Belohnung fürs Bravsein im vergangenen Jahr – im großen Buch des heiligen Mannes sind alle Schandtaten und das Wohlverhalten genau dokumentiert. Während früher der Nikolaus im Bischofsornat mit Mitra und Stab daherkam, trägt er heute auch oft ein rotes Gewand, ganz wie sein amerikanischer Kollege Santa Claus, der mit einem Sack voller Geschenke durch den Kamin rutscht.

Hier fühlt sich der Nikolaus gleich heimisch. Zur Mütze gefaltet, mit einer weißen Wattebommel, Kiefernzweig und Stern versehen, wirkt die Serviette auf weißem Geschirr einladend – nicht nur für den heiligen Mann.

Rechts: Da kommt er angestiefelt und hinterlässt seine Spuren auch auf Ihrem Tisch. Kleine Filzstiefel werden mit Sand und Kerzen gefüllt und mit Bändern, bunten Sternen und ein wenig Moos individuell herausgeputzt.

Unten: Der Nikolaus lädt ein und beweist mit einer Karte, dass er, was Schuhtrends betrifft, voll auf der Höhe der Zeit ist. An der Leine hängen verschiedene Exemplare aus Stoff- und Bandresten.

Heut' ist der *heilige Mann* bei uns zu Gast

Über den blühend gefüllten Stiefel freuen sich auch große Kinder. Die Anemonen stehen in einem schmalen wassergefüllten Glas. Häkelspitze setzt einen verspielten nostalgischen Akzent.

Fröhliche Vorweihnachtsstimmung schon beim Betreten der Wohnung! Für den bunten Kranz umwickeln Sie einen Rohling mit Wollresten und lassen einige Fäden einfach herunterhängen. Angebundene Beeren und ein Koniferenkranz in der Mitte sorgen für einen natürlichen Akzent.

Prickelnde Vorfreude! Sektgläser, schnell gerollte Papiertüten, Engelshaar und Mistelzweige – bei diesem Adventskalender stoßen die Erwachsenen jeden Morgen auf die Vorweihnachtszeit an.

Der Kuss unterm Mistelzweig hat eine lange Tradition. Trotzdem muss das Bündel selbst ja nicht im traditionell rot-grünen Look daherkommen. Kombinieren Sie Bänder in kräftigem Orange, Perlen und originelle Filzsterne, das wirkt frech und jung.

Vorsicht unterm *Mistelzweig!* Denn dort ist während der Feiertage das Küssen erlaubt und zwar solange, bis keine kleinen Beerchen mehr am Zweig hängen. Aber Weihnachten ist ja auch das Fest der Liebe! Der Brauch, die Zweige der immergrünen Pflanze im Haus zu dekorieren stammt aus den angelsächsischen Ländern. Die Glück verheißende, kugelrunde Pflanze wächst als Schmarotzer auf vielen Bäumen. Ihre weißen Beeren reifen im Dezember, einer Zeit, in der die Natur sonst schläft. Ob es daran liegt, dass man ihr besondere Kräfte nachsagt? Der Volksmund glaubt, dass sie Unheil abhält, daher hat man sie früher an Haus- und Stalltüren gehängt, um die Bauernfamilie und das Vieh zu beschützen. Schon bei den Römern galt die Pflanze als Symbol des Lebens. Der Kuss unterm Mistelzweig ist übrigens nicht ganz ungefährlich: In manchen Gegenden wird er als Heiratsversprechen gedeutet.

Malerisch windet sich die Mistelgirlande das Treppengeländer entlang. Sie besteht aus kleinen Sträußen, die an einer langen Schnur befestigt wurden. Weiße Wollschleifen und Sterne sind ein frischer Kontrast zum dunklen Grün und erinnern an den Schnee, der draußen die Bäume bedeckt.

Ein Kranz aus Mistelzweigen ist von drinnen und draußen ein Blickfang am Fenster. Festlich geschmückt wird er mit silbernen Glasvögeln und kleinen Holzsternen. Damit die Zweige schön in Form bleiben, wurden sie auf einen dünnen Drahtring gewickelt.

Schneeberge (ca. 60 Stück)

Zutaten: 4 Eiweiß, 125 g feiner Zucker, 100 g Puderzucker, eine Prise Salz, 50 g Pistazien, ca. 60 Pralinenförmchen

Zubereitung: Die Pistazien mittelfein hacken. Das Eiweiß und das Salz in einer großen, sauberen Rührschüssel mit dem Handrührer oder der Küchenmaschine auf höchster Stufe schlagen, bis es steif ist. Den Zucker langsam einrieseln lassen und weiter schlagen, bis er sich ganz aufgelöst hat.

Den Puderzucker über den Eischnee sieben. Vorsichtig mit einem Holzlöffel unterheben, bis alle Klümpchen verschwunden sind. Zwei Drittel der Pistazien ebenfalls vorsichtig unterheben.

Den Backofen auf 80 °C (Umluft 60 °C) vorheizen. Das Backblech mit Backpapier auslegen. Den Teig in einen Spritzbeutel mit Lochtülle füllen, auf das Backpapier kleine Häufchen spritzen und die restlichen Pistazien darauf streuen. Die Baisers im Backofen etwa 2–3 Stunden trocknen lassen und darauf achten, dass sie weiß bleiben. Auf einem Kuchengitter abkühlen lassen und anschließend in die Pralinenförmchen setzen.

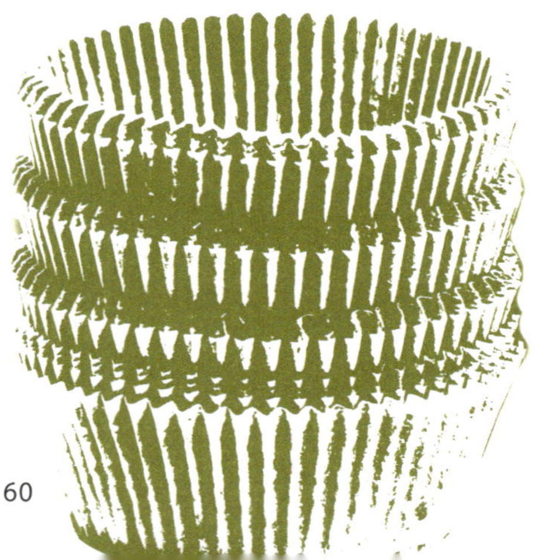

In der festlichen Zeit kommt Omas ganzer Stolz, ihre gesammelten Silberleuchter, zu neuen Ehren. Auf einem Tablett zusammengestellt, mit Zapfen, Tannengrün und glänzenden Kugeln arrangiert, werden sie mit weißen Kerzen schnell zum herzerwärmenden Blickfang.

Sternstunde für Dekofans! Ein Mix aus natürlichen Accessoires und vorweihnachtlichem Glanz füllt die Schale in Betonoptik. Im Mittelpunkt steht eine besonders schöne Christrose. Ein wassergefülltes Kunststoffröhrchen ist gut versteckt und hält die Blüte frisch.

So prächtig ist die Natur! Matt schimmernde Christbaumkugeln veredeln den Adventskranz aus Zweigen vom Korkenzieherhasel. Die Kerzen leuchten in einem dezenten Terra-Ton. Das gefällt auch Naturburschen und Waldfeen.

Erinnern Sie sich? Strohsterne waren lange der Inbegriff von Adventsschmuck. Jetzt kommt der natürliche Charme der selbstgebastelten Schönheiten zu neuen Ehren. Kombiniert mit Holzornamenten und Kugeln in mattem Grün und Gold verbreiten sie als Fensterschmuck oder im Baum Atmosphäre.

Eine Lichtinsel in der Dunkelheit – mit Stumpenkerzen in natürlichen Farbtönen und in unterschiedlicher Höhe ist sie auf einem Stück Baumstamm schnell geschaffen und verzaubert den ganzen Raum.

Rechts: Holen Sie sich mit einem winterlichen Strauß die Natur doch einfach ins Haus! Flechten und Kiefernzweige sind die Basis für Zapfen und das Weiß von Beeren und Christrosen. Ein vergoldeter Stern bringt festlichen Glanz.

Unten: In einem Nest aus Kiefernzweigen blühen die leuchtend weißen Christrosen ganz geschützt zwischen Beeren und Zapfen. Der kleine Strauß macht bei einer Einladung im Advent auch jeder Gastgeberin Freude.

Das sanfte Leuchten der *Natur* für zuhause

Bärentatzen (ca. 40 Stück)

Zutaten: 150 g weiche Butter, 50 g Puderzucker, 120 g Mehl, 20 g Kakao, ½ EL gemahlener Espresso, 100 g zartbittere Raspelschokolade, 150 g Aprikosenmarmelade, 200 g halbbittere Kuvertüre

Zubereitung: Butter und Puderzucker verrühren. Mehl, Kakao, Espresso und Raspelschokolade unter die Buttermischung kneten. Aus dem Teig haselnussgroße Kugeln formen und auf ein mit Backpapier ausgelegtes Blech setzen. Die Kugeln mit einer Gabel flachdrücken.

Plätzchen im vorgeheizten Backofen bei 175 °C (Umluft 150 °C) ca. 8–10 Minuten backen. Auf einem Kuchengitter auskühlen lassen.

Für den Guss die Marmelade glattrühren. Die kalten Plätzchen zur Hälfte in die Marmelade tauchen und auf Backpapier trocknen lassen (am besten über Nacht). Die Kuvertüre im warmen Wasserbad schmelzen und die Kekse mit der Marmeladenseite in die Kuvertüre tauchen. Die fertigen Bärentatzen auf Backpapier trocknen lassen.

Tipp: Damit die Teigkugeln beim Flachdrücken auf dem Blech nicht an der Gabel kleben bleiben, kühlen Sie gleich mehrere Gabeln für kurze Zeit im Tiefkühlfach und nehmen Sie sie jeweils erst unmittelbar vor Gebrauch raus.

Weihnachten

Markt und Straßen steh'n verlassen,
hell erleuchtet jedes Haus,
sinnend geh' ich durch die Gassen,
alles sieht so festlich aus.

An den Fenstern haben Frauen
buntes Spielzeug fromm geschmückt,
tausend Kindlein steh'n und schauen,
sind so wunderstill beglückt.

Und ich wand're aus den Mauern
bis hinaus ins freie Feld,
hehres Glänzen, heil'ges Schauern!
Wie so weit und still die Welt!

Sterne hoch die Kreise schlingen,
aus des Schnees Einsamkeit
steigt's wie wunderbares Singen –
o du gnadenreiche Zeit!

Joseph von Eichendorff (1788–1857)

Flinke und eifrige
Sammler
werden belohnt

Ein Adventskranz, der für Nager ein echter Festschmaus wäre: Ein Strohkranz wird dicht an dicht mit Nüssen, Kastanien, Zapfen und Gewürzen beklebt und von Kiefernzweigen umspielt. Das lässt die cremefarbenen Kerzen umso heller leuchten.

Das *Licht* erscheint inmitten der dunkelsten Nacht. Die traditionellen weihnachtlichen Bräuche von der ersten Kerze auf dem Adventskranz bis zum erleuchteten Baum am Heiligen Abend erinnern daran. Im Advent bereiten wir uns auf die Geburt Jesu vor, der das Licht der Welt ist. Da das tatsächliche Datum von Christi Geburt nicht überliefert ist, legte Papst Liberius es erst im Jahr 354 nach Christus auf den 25. Dezember fest. Der Termin war nicht zufällig gewählt, es war die Zeit, zu der zuvor die heidnische Wintersonnenwende gefeiert wurde. Und auch die ist ein Fest des Lichts gewesen, denn von da an werden die Tage endlich wieder länger. Selbst wenn wir heute Dunkelheit kaum noch kennen und es in den Einkaufsstraßen unserer Städte Tag und Nacht glitzert und leuchtet: Im winterlichen Dunkel ist das kleinste Licht eine Kostbarkeit.

Zimtsterne (ca. 45 Stück)

Zutaten: 3 Eiweiß, 1 Prise Salz, 300 g feiner Zucker, 1 TL frisch gepresster Zitronensaft, 400 g gemahlene Mandeln, 1 TL Zimtpulver, 1 Prise gemahlene Nelken

Zubereitung: Eiweiß und Salz mit dem Schneebesen des Handrührgeräts steifschlagen. Den Zucker unter Rühren langsam einrieseln lassen. Den Zitronensaft dazugeben und weiter schlagen, bis der Eischnee schön glänzt. Dann 4–5 EL davon abnehmen und für die Glasur beiseitestellen.

Die Mandeln mit Zimtpulver und den gemahlenen Nelken mischen. Die Mandelmischung zum Eischnee geben, vorsichtig daruntermischen und die Masse zu einem gut formbaren Teig verarbeiten.

Den Backofen auf 150 °C (Umluft 130 °C) vorheizen. Das Backblech mit Backpapier auslegen. Den Teig zwischen Klarsichtfolie ca. einen halben Zentimeter dick ausrollen. Mit einer Ausstechform Sterne ausstechen und auf das Blech legen.

Die beiseitegestellte Eischneemasse mit einem spitzen Messer gleichmäßig und exakt auf den Teigsternen verteilen. Im Ofen auf der unteren Schiene ca. 15 Minuten backen. Die Glasur sollte dabei ganz hell bleiben. Die Zimtsterne herausnehmen und auf einem Kuchengitter abkühlen lassen.

Advent

Es treibt der Wind im Winterwalde
die Flockenherde wie ein Hirt,
und manche Tanne ahnt, wie balde
sie fromm und lichterheilig wird;
und lauscht hinaus. Den weißen Wegen
streckt sie die Zweige hin – bereit,
und wehrt dem Wind und wächst entgegen
der einen Nacht der Herrlichkeit.

Rainer Maria Rilke (1875–1926)

Leise rieselt der Schnee

Leise rieselt der Schnee,
still und starr ruht der See,
weihnachtlich glänzet der Wald,
freue dich, Christkind kommt bald!

In den Herzen ist's warm,
still schweigt Kummer und Harm,
sorge des Lebens verhallt,
freue dich, Christkind kommt bald!

Bald ist Heilige Nacht,
Chor der Engel erwacht,
hört nur wie lieblich es schallt,
freue dich, Christkind kommt bald!

Eduard Ebel (1839–1905)

Links: Auch die heimischen Piepmätze freuen sich über einen festlich gedeckten Tisch. Wenn Sie Plätzchenausstecher mit einer Futtermischung und Hagebutten füllen und mit Perlen und Filzaccessoires dekoriert am Baum aufhängen, isst auch das Auge mit.

Unten: Fastfood für Ihre gefiederten Freunde. Der leuchtend rote Apfel lockt sie schon von Weitem an. Besteckt mit Sonnenblumenkernen wird er zur schnellen und ausgewogenen Mahlzeit für nahrungssuchende Vögel.

Köstliches *Gastmahl* für Zeisig und Meise

Kommt alle raus, es schneit! Schnell die warmen Stiefel angezogen und dann die weiße Pracht bei einer ausgelassenen Schneeballschlacht genießen. Und zum Aufwärmen wird zwischendurch ein heißer Kakao geschlürft.

Die tierischen Helfer vom Weihnachtsmann sind schon bereit

Schnelle Kerzenidee im nordischen Stil: Die weißen Keramikgefäße werden mit Bandresten in frischem Rot-Weiß und Glöckchen umwickelt. Rote Stumpenkerzen und Buchs- oder Eibengrün halten am besten in Steckschaum.

In Form gesägt und selbst bemalt mit nordischen Mustern in klassischem Rot und Weiß. Die originellen Haken eignen sich gut, um auf der Terrasse oder an der Hauswand Zweige oder Zapfen aufzuhängen.

Hui, das ist Winterspaß! Bei der rasanten Schlittenfahrt wärmt die Mütze im Norwegerlook ordentlich. Die folkloristischen Sternenmuster sind nicht nur in der Mode gefragt.

Rechts: Schlichte Dekorationen sind typisch für den nordischen Stil. So wird ein einfacher Weidenkranz mit einem rot-weiß karierten Band zum Hingucker. Auf einem Metallständer kommt er gut zur Geltung.

Unten: So schmücken nicht nur Skandinavier ihr Haus zur Weihnachtszeit. Machen Sie's nach und hängen Sie rote Dekoherzen aus Metall an einen künstlich verschneiten Zweig mit kleinen Zapfen.

Farben und Muster vom *hohen Norden* inspiriert

Elche, Sterne, Rautenmuster – der typische Norwegerstrick ziert als Tischläufer auch die Tafel zur Stollenprobe. So viel Klassik verträgt einen ausgefallenen Adventskranz: Der weiße aus Watteschneeflocken mit roten Kerzen wirkt besonders originell und fröhlich.

Nussknacker

Nussknacker, du machst ein grimmig Gesicht –
ich aber, ich fürchte vor dir mich nicht;
ich weiß, du meinst es gut mit mir,
drum bring' ich meine Nüsse dir.

Ich weiß, du bist ein Meister im Knacken:
Du kannst mit deinen dicken Backen
gar hübsch die harten Nüsse packen
und weißt sie vortrefflich aufzuknacken.

Nussknacker, drum bitt' ich, bitt' ich dich,
hast bessere Zähn' als ich, Zähn' als ich,
o knacke nur, knacke nur immerzu!
Ich will dir zu Ehren
die Kerne verzehren.

O knacke nur, knack knack knack! Immerzu!
Ei, welch ein braver Kerl bist du!

August Heinrich Hoffmann von Fallersleben (1798–1874)

Ein Bummel über den *Weihnachtsmarkt,* da leuchten Kinderaugen vor bunten Karussells und die Erwachsenen freuen sich über Kunsthandwerk und Köstlichkeiten. Die Historie so berühmter Weihnachtsmärkte wie die des Nürnberger Christkindelsmarkts oder des Dresdener Striezelmarkts weist zurück bis ins 15. Jahrhundert. Handelsmessen waren es damals und eine Möglichkeit für die Menschen, sich mit Köstlichkeiten fürs Fest einzudecken. Genau wie heute wurden seinerzeit handgearbeitetes Spielzeug, Stollen, Lebkuchen sowie kleine Geschenke angeboten. Damals baute man die kleinen Buden vor allem rund um die Kirchen auf – die Betreiber hofften, dass die Kirchenbesucher nach dem Gottesdienst einen Spaziergang durch den fröhlichen Trubel machen würden. Heute gibt es Weihnachtsmärkte in nahezu jeder Stadt, einladende Treffpunkte für Abende in der Adventszeit und touristische Magnete an den Wochenenden.

Frohes Fest

Apfelpunsch (ca. 4 Portionen)

Zutaten: 1 l Apfelsaft, 1 Vanilleschote, 1 Stange Zimt, 1 Sternanis, 5 Nelken, 1 EL Honig, 4 dünne Apfelscheiben

Zubereitung: Die Vanilleschote auskratzen und das Mark zusammen mit allen anderen Zutaten außer den Apfelscheiben im Apfelsaft erhitzen. Dabei nicht kochen! Das Gemisch mindestens 15 Minuten ziehen lassen. Anschließend durch ein Sieb gießen und in Punschgläser füllen. Die Apfelscheiben dazugeben.

Tipp: Der Apfelpunsch ist ein leckeres Getränk für Kinder, wenn es draußen richtig kalt ist. Wenn Sie den Punsch ausschließlich Erwachsenen servieren, sorgen ca. 10 cl Calvados zusätzlich für wohlige Wärme von innen.

Weihnachtsbäume en miniature. Das grüne Kleid besteht aus Kiefernzweigen, die auf Holzstäbe gebunden und in rote Äpfel gesteckt sind. Statt Glaskugeln schmücken Zieräpfelchen die kleinen Bäume, die auf den Kiefernnadeln aufgespießt werden. Eine niedliche Tischdekoration, die die Gäste sicherlich gerne mit nachhause nehmen.

Welch süße
Verlockung,
rotbackig und
glänzend!

Rauhreif vor Weihnachten

Das Christkind ist durch den Wald gegangen,
sein Schleier blieb an den Zweigen hangen,
da fror er fest in der Winterluft
und glänzt heut' morgen wie lauter Duft.

Ich gehe still durch des Christkind's Garten,
im Herzen regt sich ein süß Erwarten:
Ist schon die Erde so reich bedacht,
was hat es mir da erst mitgebracht!

Anna Ritter (1865–1921)

Wintersonate im harmonischen Zusammenspiel. Dahinter verbergen sich Einwegbecher, die mit Pergamentpapier, kopierten Noten, Band und Spitze umwickelt wurden. Gefüllt sind sie mit Kerzen, weißen Lilien in Glasröhrchen oder Christbaumkugeln. Tipp: Beschweren Sie die Becher mit Sand, dann kann nichts kippeln.

Zum guten Ton auf einer stilvoll gedeckten Tafel gehören natürlich auch Stoffservietten. Mit einer Banderole aus kopierten Noten, einem silbernen Anhänger und etwas Grün wird das praktische Accessoire zu einer gelungenen Komposition.

Ganz in Weiß fügen sich Amazonaslilien in die winterliche Farbwelt ein. Die langen Stiele der zarten Blüten wurden einfach gekappt und finden so in einem Becher Halt. Die besondere Note verleiht eine auf Transparentpapier kopierte Sonate, die das Gefäß umhüllt.

Musikalische Klänge gehören zur Weihnachtszeit einfach dazu. Das transparente Namensschildchen wird zusammen mit einem Stück Notenblatt an der Kerze befestigt, und diese an einen Teller geklippt. Ein Christbaumkerzenhalter macht's möglich. Der dekorative Notenschlüssel wird einfach aus Perlendraht gebogen.

Marzipanstollen (2 Stück)

Zutaten: 1 kg Mehl (am besten Dinkelmehl Typ 630), 200 g Zucker, 100 g frische Hefe, ½ l Milch, 1 Msp. Bourbonvanille, je 1 Prise geriebene Muskatnuss, Salz, gemahlene Nelken und Zimt, einige Tropfen Bittermandelaroma, 400 g flüssige Butter, 200 g gemahlene Mandeln, je 150 g fein gehacktes Zitronat und Orangeat, 200 g Rosinen, 400 g Marzipan, Puderzucker und Butter zum Bestreichen

Zubereitung: Die Hefe mit lauwarmer Milch und etwas Zucker in einer kleinen Schüssel verrühren und an einem warmen Ort, zum Beispiel dem auf 50 °C vorgeheizten Backofen, mit einem feuchten Tuch abgedeckt, ca. 20 Minuten gehen lassen.

Alle Zutaten außer den Rosinen in die Rührschüssel der Küchenmaschine füllen und den aufgegangenen Hefevorteig dazugeben und durchkneten. Alles zusammen mindestens 1 Stunde gehen lassen. Danach die Rosinen vorsichtig unterheben. Den Teig in 2 Teile teilen. Jedes Stück zu einem Rechteck ausrollen und mit dem ebenfalls ausgerollten Marzipan belegen. Die Teigstücke zu 2 Stollen formen.

Nochmals gehen lassen und bei 150 °C ca. 40 Minuten backen. Noch warm mit Butter bestreichen und dick mit Puderzucker bestreuen. Ausgekühlt in Alufolie wickeln und am besten im ungeheizten Keller durchziehen lassen.

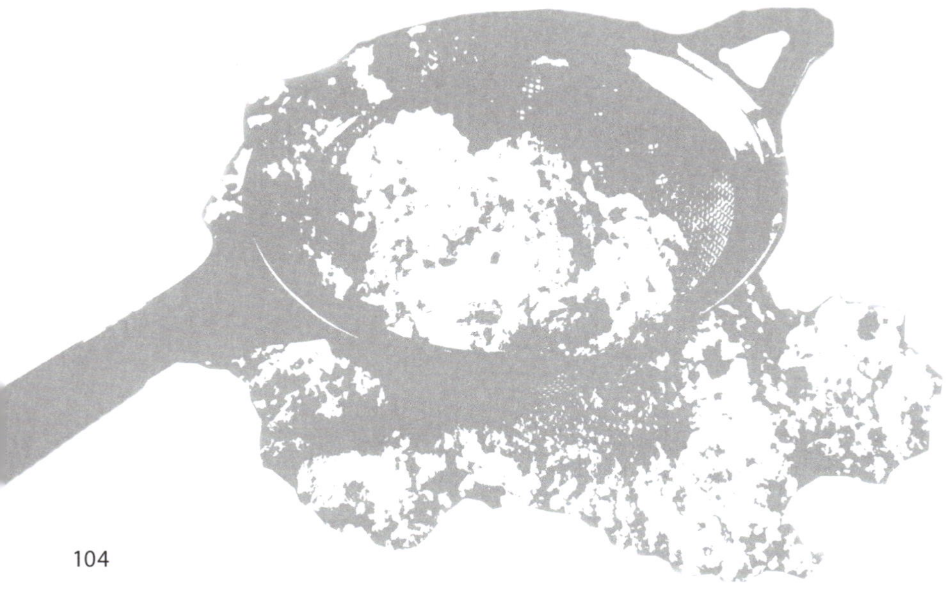

Eine Silbereiche, deren Heimat Australien ist, hat sich für den hiesigen Winter warm eingepackt. Ihr Topf ist mit trockenem Gras, Zweigen, Laub und Zapfen dick umwickelt, dazwischen blitzen goldene Sterne hervor und verleihen der Pflanze festlichen Charme.

Rechts: Pflanzen Sie doch mal Ihren eigenen kleinen Wald auf dem Tisch! Kahle Lärchenzweige um einen Holzspieß gebündelt bilden das Baumkleid, Birkenabschnitte den dicken Stamm. Ein goldener Stern strahlt an der Spitze.

Unten: Dicht aneinander gedrängt trotzen die Fichten den winterlichen Temperaturen. Die Form der Bäume inspiriert immer wieder zu weihnachtlichen Basteleien.

Geheimnisvoller *Winterwald* im ersten Schnee

Mandel-Haselnuss-Blüten (ca. 35 Stück)

Zutaten: 200 g Butter, 200 g Zucker, 200 g Mehl, Salz, 100 g gemahlene Haselnüsse, 100 g gemahlene Mandeln, 1 Eigelb, 2 EL Milch, 150 g Pflaumenmus, ca. 50 g gehobelte Mandeln

Zubereitung: Weiche Butter mit dem Zucker schaumig rühren. Das Mehl und eine Prise Salz unterkneten. Den Teig halbieren, dabei eine Hälfte mit Haselnüssen, die andere Hälfte mit Mandeln verkneten. Beide Teigkugeln über Nacht in Folie gewickelt in den Kühlschrank legen.

Den Backofen auf 180 °C (Umluft 160 °C) vorheizen. Haselnuss- und Mandelteig nacheinander auf einer bemehlten Arbeitsfläche ausrollen, Blüten ausstechen und auf ein mit Backpapier ausgelegtes Blech setzen.

Eigelb und Milch verrühren, die Haselnussplätzchen damit bestreichen und darauf jeweils eine gehobelte Mandel leicht andrücken. Die Haselnussplätzchen 10–12 Minuten, die Mandelplätzchen 8–10 Minuten backen.

Die Kekse etwas abkühlen lassen und anschließend jeweils eine Haselnuss- und eine Mandelhälfte mit etwas Pflaumenmus zusammensetzen. Tipp: Die Plätzchen schmecken am besten, wenn Sie sie mindestens eine Woche in einer verschlossenen Dose lagern. So kann das Aroma besonders gut durchziehen.

Eleganter Auftritt für die Kiefer. Einzelne Zweige wurden dafür zum Teil entnadelt und auf die Enden kleine goldene Kugeln gesteckt. Ihr matter Schimmer passt perfekt zur patinierten Oberfläche der Kerzen. So setzen Sie den Advent gekonnt in Szene – natürlich und reduziert und gerade deshalb besonders edel.

Resteverwertung auf stimmungsvolle Art. Ausgediente Tontöpfe ziehen von der Terrasse ins Haus und bilden zusammen mit kleinen Stumpenkerzen, Zweigen, Beeren und Blättern ein dekoratives Stillleben auf dem Tablett. Die Gefäße können ruhig unterschiedlich sein, das macht das Sammelsurium umso attraktiver.

Ein Türkranz für Leckermäuler? Zumindest verrät er die Leidenschaft der Bewohner. Wer jedoch genauer hinsieht, entdeckt die interessante Füllung der Pralinenförmchen: Zypressenzapfen und rote Zieräpfel. Dazwischen glänzen silberne Plätzchenausstecher. Stecknadeln und Heißkleber sorgen dafür, dass alles zusammenhält.

Dekotipp für die letzte Minute. Die Christbaumkerzen sind mit Wachs in metallenen Konfektförmchen befestigt. Dazu ein wenig Moos und einen Zuckerpilz, fertig! Das gelingt auch noch, wenn die Gäste schon fast vor der Tür stehen.

Ein eigener Weihnachtsbaum im Kinderzimmer? Die Miniversion mit Zuckerhutfichte macht's möglich. Der Topf erhält einen Überzug im Nikolauslook, das Bäumchen bekommt mit Wolle und Bändern umwickelte Ringe umgelegt, an denen Zapfen und Kugeln baumeln.

Schluss mit langweilig weißen Kerzen am Christbaum! Schmelzen Sie die Reste von rot durchgefärbten Kerzen zu flüssigem Wachs und tauchen Sie die Christbaumkerzen zur Hälfte hinein. Das passt besonders gut zum klassischen nordischen Stil.

Miniwald zu verschenken! Und diesen möchte garantiert jeder haben. Steckschaum sorgt für den festen Stand der kleinen Bäume. Für die grünen Baumkronen werden Kiefernnadeln mit Draht um kurze Äste gewickelt.

Rosa Girlielook für die Scheinzypresse. Im pastellfarbenen Henkeleimer bekommt das Bäumchen garantiert einen Ehrenplatz. Der dekorative Kranz, der mit Wolle, Apfelscheiben, Holzsternen und allerlei anderen Accessoires dekoriert ist, wurde einfach übergestülpt und findet auf dem Eimerrand Halt.

Herausgeber BLOOM's GmbH, Ratingen

Styling Klaus Wagener (Ltg.), BLOOM's-Team

Konzeption Karen Meier-Ebert, Mandy Schubert

Text/Redaktion Susanne Mansfeld, Karen Meier-Ebert

Fotos Patrick Pantze-Werbefotografie GmbH, Lage

Grafik Design Mandy Schubert

DTP Bettina Münch

Druck Himmer AG, Augsburg

Weitere Fotos: Stars for Europe: S. 11, 31; GreenGate: S. 28, 31, 83; Florissima: S. 62, 63, 86, 87; Fotolia: S. 2 (Uwe Stohrer), 6 (by-studio), 12 (Shestakoff), 16 (Brigitte Bonaposta), 21 (babimu), 23 (jaboo_foto), 24 (Christa Eder), 30 (Malin Jo), 36 (Philphotographer), 38 (woodworm), 40 (OutdoorPhoto), 45 (Luminis), 49 (flucas), 68 (vitalyk), 70/71 (J. Hansmann), 72 (Maksym Gorpenyuk), 75 (Kotangens), 76, 105 (victoria p.), 77 (Light Impression), 78/79 (Svenni), 80 (Kati Molin), 84 (Iakov Kalinin), 89 (Gorilla), 92/93 (Kirsten Hinte), 95 (rdnzl), 97 (Schulz-Design), 98 (emer), 104 (Barbara Pheby), 107 (Christian Pedant), 108 (kaanates), 108 (phloen)

Karen Meier-Ebert und Susanne Mansfeld kennen sich in Sachen Advent und Weihnachten aus. Ob elegant und glanzvoll, natürlich, fröhlich oder kindlich und unkompliziert: Als Lifestyle-Redakteurinnen des Magazins BLOOM's planen sie bereits im Sommer die neusten Themen für ihre Leser.
Auch als Buchautorinnen für die Bereiche Tischdekoration, Hochzeitsvorbereitung und Balkon- und Terrassengestaltung haben sie sich einen Namen gemacht. Zusammen mit dem BLOOM's-Team inspirieren sie immer wieder zum Nachmachen der gezeigten Ideen und zum Entdecken der eigenen Kreativität.

© 2011 Eugen Ulmer KG
Wollgrasweg 41, 70599 Stuttgart (Hohenheim)
E-Mail: info@ulmer.de
Internet: www.ulmer.de

1. Auflage 2011
ISBN: 978-3-8001-7644-1